오염괴물로부터 우리집을 지켜라!

교육과실천

교과서와 연계하여 활용해 보세요!

교과서 연계 단원

통합 1-2 단원명 : 약속   **통합 2-1** 단원명 : 자연

배움약속(성취기준)

2-1 우리의 생활 습관이 환경 오염을 일으킬 수 있음을 이해한다.

2-2 환경 보호 방법을 알고 가정에서 실천하는 습관을 기른다.

기후·생태를 살리는 생태전환교과서 ②
초등 저학년 (1~2학년)

오염괴물로부터 우리집을 지켜라!

초판 1쇄 발행 2026년 3월 13일

지은이 이윤미, 김순미, 박미영, 조현정, 하늘빛, 곽정숙, 노현주, 신혜영, 우치성, 임하람

그린이 박근형, 박미경   **감수** 이정현

발행인 최윤서   **편집** 정지현

디자인 최수정

펴낸 곳 (주)교육과실천   **인쇄** 031-945-6554 두성 P&L

등록 2020년 2월 3일 제2020-000024호   **일원화 구입처** 031-407-6368 (주)태양서적

주소 서울특별시 중구 창경궁로 18-1 동림비즈센터 505호   **저자 강의·도서 구입** 02-2264-7775

ISBN 979-11-995303-5-5(63370)

정가 9,500원

저작권법에 따라 한국 내에서 보호를 받는 저작물이므로 무단 전재 및 복제를 금합니다.

저자 강의 및 도서 구입 문의는 교육과실천 02-2264-7775로 연락 주십시오.

차 례

학교에서 돌아온 동동이는 집에 찾아온 오염 괴물들을
마주쳤어요. 동동이가 괴물들을 무찌르는 이야기
속에서 환경의 소중함을 알고, 환경을 살리기 위한
습관을 함께 실천해볼까요?

주인공

동동이

기술 : 특별한 것 없음

특징 : 공부를 싫어하고
놀기를 좋아하는 평범한
소년

쓰레기괴물

기술 : 꾸리꾸리 냄새 공격

특징 : 악취를 풍기며 집이나
학교 등 어디든지 나타난다.

거품괴물

기술 : 보글보글 무한복제

특징 : 물가나 하수구에 살며
거품이 많이 나는 세제를 좋아
한다.

전기괴물

기술 : 찌리릿 감전 공격

특징 : 아무도 모르는 사이에
전기를 계속 빼앗아 먹는다.

먼지괴물

기술 : 콜록콜록 기침공격

특징 : 몸이 유연해서 조그만
틈만 있으면 들어갈 수 있다.

이런 내용을 공부해요!

최종레벨
우리집을 안전하게 지켜라!

단원열기

우리 가족은 환경 지킴이

핵심 단어를 찾아라!

오염괴물로부터
우리집을 지켜라!

1. 쓰레기괴물로부터
우리집 지키기

물건을 끝까지 사용해요

쓰레기를 분리배출해요

일회용품 사용을 줄여요

버리지 말고 바꾸어요

4. 먼지괴물로부터
우리집 지키기

가까운 거리는 자동차를
타는 대신 걸어다녀요

꽃과 나무를 심고
가꾸어요

종이 사용을 줄여요

2. 거품괴물로부터 우리집 지키기

샴푸 대신 비누를 써요

친환경 세제를 만들어요

3. 전기괴물로부터 우리집 지키기

전기를 아껴써요

쓰레기괴물로부터 우리집 지키기

💬 학교에서 돌아온 동동이에게 무슨 일이 일어났는지 이야기를 읽어보아요.

동동이는 쓰레기괴물의 대답을 듣고 오늘 버린 쓰레기들을 생각해봤어요.
빵 봉지, 주스 병, 쓰다 만 공책, 색연필, 종이컵….
아무 생각없이 버린 쓰레기가 참 많았어요.

*1kg(1킬로그램)은 보통의 과자 20봉지 정도의 무게입니다.

쓰레기괴물을 없애는 방법을 생각해 보고 아래의 말풍선을 완성해 봅시다.

'쓰레기괴물은 쓰레기가 많아져서 자기가 생겨났다고 했어.
그럼 쓰레기 양을 줄이는 게 가장 확실한 방법 아닐까?'
동동이는 생활 속에서 가장 쉬운 방법부터 실천해 보기로 했어요.

레벨1 : 쓰레기괴물로부터 우리집 지키기

[레벨1이 되기 위해 미션을 해결하세요]

미션 1~4까지 해결하면 동동이는 레벨1이 될 수 있어요.
레벨1이 되면 특별한 아이템을 얻어서 쓰레기괴물을 무찌를 수 있어요.
함께 미션을 해결하러 가 볼까요?

쓰레기 괴물을 없애기 위해 동동이는 가지고 있는 물건들을 끝까지 쓰기로 다짐했어요.

💬 동동이가 끝까지 쓰기로 한 물건들의 이름이 무엇인지 빈 칸을 채워 보아요.

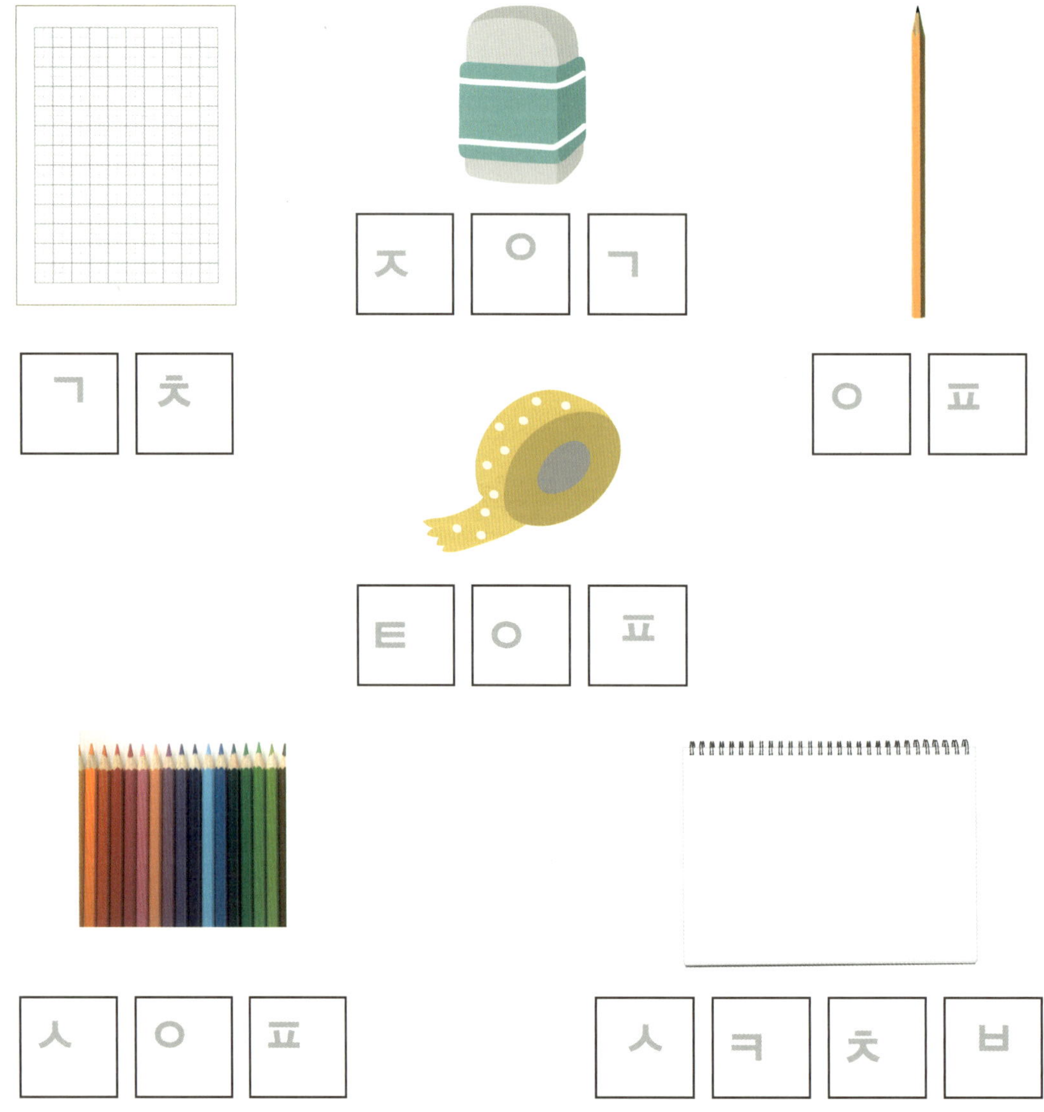

나 ⬚⬚⬚⬚⬚ 은(는) ⬚⬚⬚⬚⬚ 을(를)

끝까지 사용하기로 다짐합니다.

나의 다짐을 친구들 앞에서 발표하고 <학급 다짐 나무>를 만들어 보아요.

　쓰레기를 다시 쓸 수 있게 바꾸는 과정을 '재활용'이라고 해요. 쓰레기 중에서 재활용품이 될 수 있는 것은 따로 분리해서 버려야 해요.

　우리 주변에 있는 과자, 음료수, 우유 등에서 아래와 같은 분리배출 표시를 찾아볼까요?

💬 주변에서 분리배출 표시가 있는 물건을 찾아 적어보세요.

출처 : 한국환경공단

💬 친구들의 발표를 듣고 새롭게 알게 된 물건의 분리배출 표시를 적어 보아요.

물건	분리배출 표시

쓰레기를 분리배출할 때는 제품 뒷면의 분리배출 표시를 확인하고 알맞은 수거함에 넣어요.

예를 들어 투명 페트병은 내용물을 깨끗하게 비운 후에 라벨을 제거하고 페트 수거함에 넣어요.

그렇다면 우리가 자주 가지고 노는 플라스틱 장난감은 어디에 버려야 할까요? 플라스틱 장난감은 재활용이 되지 않기 때문에 일반쓰레기로 버려야 해요.

• 잠깐! 빈 병 보증금 제도에 대해 알고 있나요?

동동이는 돈 없이도 마트에 빈 병을 가져가서 아이스크림을 사 먹을 수 있었대요. 어떻게 아이스크림을 사 먹었을까요? 이 표시가 있는 유리병을 잘 씻어서 가게에 가져가면 되팔 수 있답니다. 유리병은 여러 번 사용이 가능하다는 점을 잊지 말아요.

출처 : 환경부 재활용품 분리배출
가이드라인

쓰레기를 재활용 하려면 알맞게 분리배출하는 것이 중요해요. 쓰레기와 분리배출함을 알맞게 연결해볼까요?

공간을
너무 차지하지 않도록
접어서 배출해.
페트병은
비닐 라벨을 떼고
물로 헹궈서
말려.
요거트가 남아있지
않도록 씻어서
말리자.
우유팩
페트병
요거트 컵

우유팩은 모아서
행정복지센터에 가져가면
재활용 휴지로 바꿔
주기도 한대.
페트
플라스틱
종이팩

🎧 친구, 가족과 함께 학교나 집에서 나온 쓰레기를 분리배출 해보고 소감을 아래에 적어보세요.

일회용품 사용을 줄여요

한 번 쓰고 버리는 물건을 **일회용품** 이라고 해요. 일회용품은 가격도 저렴하고 편리해서 사람들이 많이 사용해요.

그렇지만 환경을 많이 오염시키죠. 일회용품이 썩어서 사라지는 데는 얼마나 많은 시간이 걸릴까요?

일회용품 썩는 기간

💬 나는 어떤 일회용품을 자주 사용하는지 적어보아요.

장 소	사용하는 일회용품
집	
학교	
여행지	

💬 내가 줄일 수 있는 일회용품에는 어떤 것들이 있나요?

우리가 일회용품 사용을 줄이지 않는다면 30년 후의 지구는 어떤 모습으로 변해 있을까요? 상상한 모습을 그림으로 표현해 보아요.

우리가 버린 일회용품들은 쓰레기가 되어 땅이나 바다를 더럽혀요.
사다리 게임을 통해 일회용품 대신 어떤 것을 사용하면 좋을지 알아보아요.

버리지 말고 바꾸어요

동동이는 단짝 미미에게서 우유팩을 화장지로 바꾸었다는 이야기를 들었어요.
동동이와 미미의 대화를 자세히 살펴볼까요?

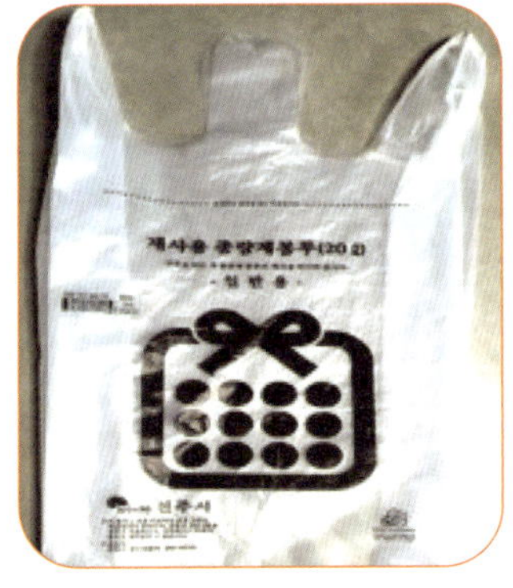

• 학교에서도 할 수 있어요!

환경초등학교 어울림 선생님은 평소 급식에 간식으로 나오는 주스 종이팩이 주스가 묻었다는 이유로 그대로 버려지는 것이 아까웠어요. 그래서 한 학기 동안 학생들과 급식에서 나온 종이팩을 깨끗이 씻고 말려서 모았어요. 종이팩을 행정복지센터에 가져다주고 교실에서 쓸 수 있는 종량제 봉투로 교환했대요!

우리 같이 찾아봐요!

💬 우리 동네에서 재활용품을 생활용품으로 바꾸어 주는 곳을 함께 찾아보아요.

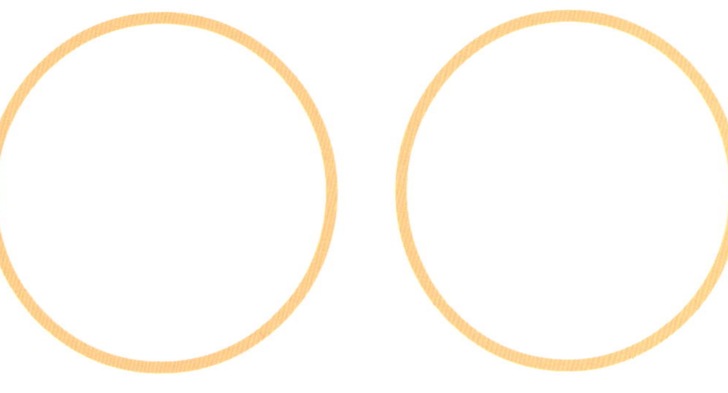

집이나 학교에서 교환할 수 있는 재활용품에는 어떤 것들이 있을까요?

 아래의 질문들을 같이 대답해 보아요.

1. 집이나 학교에서 많이 버리는 쓰레기는 어떤 것들이 있나요?

2. 쓰레기 중에서 재활용이 되는 것들은 무엇인가요?

3. 내가 사는 동네에서는 어떤 재활용품을 교환해 주고 있나요?

4. 올바른 쓰레기 분리배출 방법을 제대로 알고 실천할 수 있나요?

나는 ___________ 을 모아서 ___________ 에 가져다 주겠습니다.

서로의 실천을 나눠요!

💬 재활용품 교환을 직접 해보고 느낀 점을 간단하게 적어보아요.

💬 친구들과 실천 소감을 나누어 봅시다.

퀴즈를 풀면서 배운 내용을 돌아봐요!

1. 빈 칸에 알맞은 내용을 적어보세요.

> (1) 쓰레기를 다시 쓸 수 있게 만드는 과정을 ____________ 이라고 해요.
>
> (2) ____________ 이란 쓰레기를 종류별로 나눠 버리는 것을 말해요.

2. 다음은 분리배출에 관한 O, X 퀴즈입니다. 퀴즈를 풀면서 분리배출에 대해 배운
   내용을 점검해 봅시다.

> (1) 페트병은 비닐 라벨을 떼고 헹궈서 배출해요.　　　　　(O　X)
>
> (2) 물에 젖은 박스를 <종이>에 분리해서 버려요.　　　　(O　X)
>
> (3) 요거트 컵은 깨끗이 씻어 말린 후에 플라스틱 배출함에 버려요.　(O　X)

3. 동동이의 일기를 읽고 동동이에게 해주고 싶은 말을 쓰세요.

> 오늘 학교 끝나고 배가 고파 편의점에 갔다.
> 편의점에서 컵라면과 삼각김밥을 샀다.
> 비닐봉투에 내가 산 음식과 나무젓가락을 담았다.
> 집에서 맛있게 먹었다.

미션을 해결하여 레벨1 달성!

동동이는 종량제 봉투를 받았어요.

쓰레기괴물은 종량제 봉투 속으로 빨려 들어갔어요.

쓰레기괴물이 사라지고 난 자리에는 재활용 종이로 만든 공책과 휴지가 놓여 있었어요. 동동이는 안심하며 집 안으로 들어갔어요.

• 우리는 하루동안 쓰레기를 얼마나 버릴까요?

우리가 하루동안 쓰레기를 얼마나 많이 버리는지 알고 있나요?

우리나라 사람들이 버리는 생활 쓰레기의 양은 하루에 한 사람당 1kg(킬로그램) 정도가 된다고 해요. 한 달 동안이면 30kg, 쓰레기의 무게가 여러분의 몸무게와 비슷해지는 거예요. 정말 많은 양이죠?

거기에 가게나 공장에서 나오는 쓰레기까지 모두 합하면 엄청난 양의 쓰레기가 버려진대요. 이러한 쓰레기들은 각각의 특징에 따라 처리 방법이 달라져요.

다시 쓸 수 있는 것을 재활용하면 자원을 아끼고 환경을 보호하는데 도움이 돼요. 다시 쓸 수 없는 것은 불에 태우거나 땅에 묻어요. 이런 쓰레기를 계속 묻는다면 우리가 사는 곳은 어떻게 될까요? 쓰레기를 줄이기 위해 우리가 할 수 있는 일들에는 무엇이 있을까요?

쓰레기를 줄이기 위해 우리가 할 수 있는 일을 그려보세요.

거품괴물로부터 우리집 지키기

💬 화장실에 간 동동이가 또 괴물을 만났대요. 동동이의 이야기를 읽어보아요.

레벨2 : 거품괴물로부터 우리집 지키기
[레벨2가 되기 위해 미션을 해결하세요]

미션5와 6을 해결하면 동동이는 레벨2가 되어 특별한 아이템을 얻을 수 있고 거품괴물을 무찌를 수 있어요. 함께 미션을 해결하러 가 볼까요?

머리를 감는 샴푸나 몸을 씻는 바디워시에는 몸에 좋은 성분만 들어있는 것은 아니에요. 샴푸나 바디워시에는 무엇이 들어있을까요?

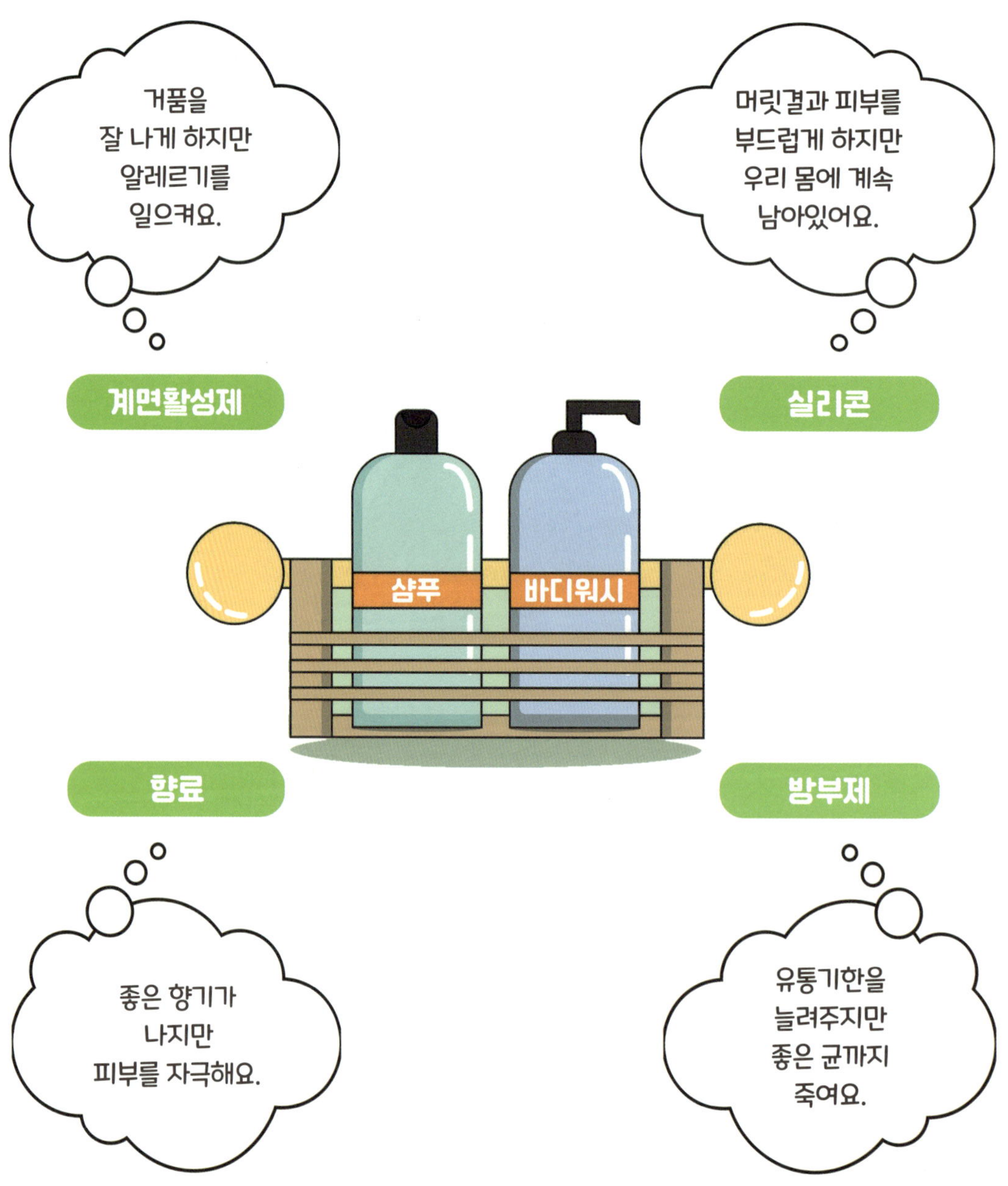

샴푸나 바디워시는 수질오염을 일으킬 뿐만 아니라 우리 몸에 해로운 성분을 포함하는 경우도 많아요.

비누를 사용해요

일주일동안 샤워할 때 샴푸와 바디워시 대신 비누를 써보아요.

샴푸를 쓰지 않는 것이 어렵다면 양을 줄여서 써봐요.

💬 일주일 동안 꾸준히 비누를 사용하면서 나타난 변화와 소감을 적어보세요.

체험 ( )일 차	변화나 소감
1일차	
3일차	
5일차	
7일차	

💬 샴푸나 바디워시 대신 비누를 사용해 보고 느낀 점을 친구들과 이야기해 보아요.

동동이는 설거지 할 때 쓰는 주방세제 대신 환경과 우리 몸에 좋은 친환경 세제를 만들어 보기로 했어요.

준비물

베이킹 소다, 레몬즙, 주방세제, 식초, 쌀뜨물, 빈 용기, 큰 그릇

1단계

베이킹 소다 3컵, 주방세제 3컵, 쌀뜨물 3컵, 식초 1컵, 레몬즙 1컵을 큰 그릇에 모두 넣고 잘 섞어요.

2단계

베이킹 소다는 잘 녹지 않을 수 있으니 열심히 섞어 주세요.

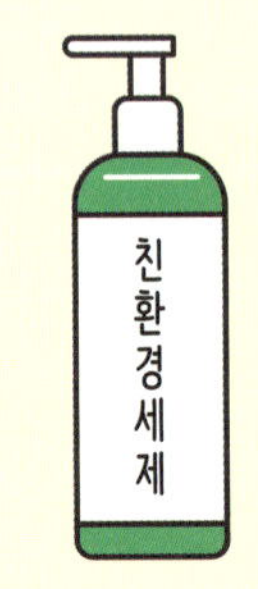

3단계

깨끗한 용기에 넣어 사용해요.

• 열매를 끓이면 세탁세제를 만들 수 있다고?

소프넛 열매는 수천년 동안 천연세제, 샴푸, 치료제로 사용된 열매예요. 소프넛 열매에 들어있는 사포닌 덕분에 물건을 깨끗이 씻을 수 있는 거품이 풍부하게 만들어져요. 빈 용기에 이 열매를 넣고 물을 넣어 흔들기만 하면 바로 세제로 변신해요.

홍보해요!

내가 만든 친환경 세제의 장점을 홍보하는 글을 써봐요.

실천해요!

내가 만든 친환경 세제를 사용해 설거지를 해 봅시다. 일반 세제와 다른 점이 있었나요?

미션을 해결하여 레벨2 달성!

동동이는 친환경 세제를 받았어요.

동동이가 친환경 세제를 사용하자 거품괴물은 점점 사라져갔어요.

거품괴물이 사라진 세면대에는 맑은 물만이 남았어요.

동동이는 비누로 손을 깨끗이 씻고 방으로 향했어요.

이젠 편하게 쉬고 싶었어요.

<환경 다짐 따라 쓰기>

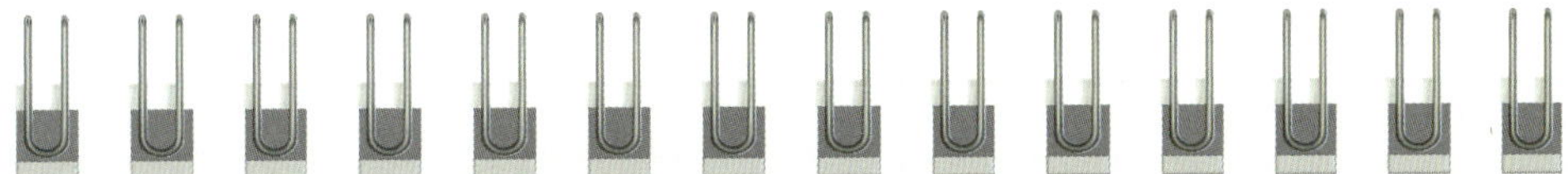

샴푸와 바디워시 사용을 줄이겠습니다.

설거지할 때 친환경 세제를 사용하겠습니다.

물을 아껴서 사용하겠습니다.

전기괴물로부터 우리집 지키기

💬 이번에도 또? 동동이가 자기 방에서 만난 괴물은 누구일까요? 동동이의 이야기를 함께 읽고 미션을 해결해보아요.

레벨3 : 전기괴물로부터 우리집 지키기

[레벨3이 되기 위해 미션을 해결하세요]

미션7을 해결하면 동동이는 레벨3이 되어 특별한 아이템을 얻어 전기괴물을
무찌를 수 있어요. 함께 미션을 해결하러 가 볼까요?

전기를 아껴써요

우리 집에서 전기를 사용하는 물건을 찾아 동그라미(○) 해봐요.

💬 우리 교실의 모습을 천천히 둘러보세요. 교실에서 전기를 사용하는 물건들을 찾아 적어보아요.

전기 제품 빙고 놀이

집이나 학교에서 전기를 사용하는 물건들을 적고 빙고 놀이를 해봅시다.

전기를 사용하게 되면서 우리 생활은 편리해졌어요.

전기는 발전소에서 석유나 석탄 같은 연료를 태워서 만들어요.

전기를 만들 때 온실가스, 오염물질, 미세먼지가 많이 나오기 때문에 전기를 아껴 써야 해요.

💬 전기 사용을 줄이려면 어떤 낱말이 들어가야 하는지 써 볼까요?

♡ 쓰지 않는 제품의 [ㅍ][ㄹ][ㄱ]를 빼놓아요.

♡ [ㄴ][ㅈ][ㄱ]에 음식을 꽉 채워 보관하지 않아요.

♡ 더운 여름에는 창문의 [ㅋ][ㅌ]을 쳐요.

♡ 되도록이면 [ㅇ][ㅇ][ㅋ]보다 선풍기를 사용해요.

♡ 외출할 땐 [ㅈ][ㄷ]이 꺼져있는지 다시 확인해요.

♡ 추울 땐 옷 안에 [ㄴ][ㅂ]을 입어요.

[정답은 41쪽에]

• 에너지의 날에 대해 알고 있나요?

에너지 시민연대는 8월 22일을 '에너지의 날'로 정했어요.

그리고 매년 '에너지의 날 – 불을 끄고 별을 켜다'라는 이름으로 에너지 축제를 열어 에너지 절약과 신재생에너지의 확대·보급이 중요하다는 것을 알리고 있답니다.

이 날은 전국에서 오후 2시부터 3시까지 에어컨 끄기, 밤 9시부터 5분간 전등 끄기를 실천하고 있어요.

전기 절약 스티커를 만들어요

전기를 아껴쓰자는 내용을 담아 전기 절약 스티커를 만들어요. 우리 집에서 전기절약이 필요한 장소나 기구에 붙이고 전기절약을 실천해요.

[40쪽 정 : 플러그, 냉장고, 커튼, 에어컨, 전등, 내복]

미션을 해결하여 레벨3 달성!

동동이는 스마트 플러그를 받았어요. 이제 스마트폰에 연결된 전자제품의 전원을 쉽게 끌 수 있어요. 전기괴물의 힘은 점점 약해졌어요.

읽을거리

• 자연의 힘을 이용해요

　우리가 밥을 먹지 않으면 어떻게 될까요?

　기운이 없어서 친구들과 신나게 놀지도 못하고 공부에 집중을 할 수도 없겠죠? 마찬가지로 집에 있는 컴퓨터, 냉장고, TV, 세탁기는 전기가 없으면 작동되지 않아요. 전기를 만들기 위해서는 에너지가 필요하고요. 지금까지는 석유나 석탄을 활용하거나 원자력의 힘을 빌려서 에너지를 만들었어요. 이러한 방식으로 전기를 만들다 보니 석유와 석탄을 태우는 과정에서 공기가 많이 오염되었어요. 석유와 석탄 양도 얼마 남지 않았고요.

| 태양 에너지 | 풍력 에너지 | 지열 에너지 |

　이제는 지구를 오염시키지 않으며 안전하게 사용할 수 있는 자연에너지를 사용해야 해요. 자연에너지에는 태양의 빛을 이용한 태양 에너지, 바람의 힘으로 풍차를 돌려 전기를 일으키는 풍력 에너지, 지구 안에서 땅으로 흘러나오는 열을 활용한 지열 에너지 등이 있어요. 여러분들이 자연의 힘을 이용해서 에너지를 만드는 과학자라면, 어떤 것들을 활용할 수 있을까요? 자유롭게 상상해 보아요.

먼지괴물로부터 우리집 지키기

아직 끝이 아니라고? 이번엔 도대체 어디서 어떤 괴물을 만나게 될까요? 동동이의 이야기를 함께 읽어보아요!

레벨4 : 먼지괴물로부터 우리집 지키기
[레벨4가 되기 위해 미션을 해결하세요]

미션8~10을 해결하면 동동이는 레벨4가 되어 특별한 아이템을 얻어 먼지괴물을 무찌를 수 있어요. 함께 미션을 해결하러 가 볼까요?

가까운 거리는 걸어다녀요

공기 중에 오염물질이 많은 상태를 **대기오염**이라고 해요. 공기 중 오염물질을 계속 마시게 되면 폐에 문제가 생길 뿐만 아니라, 피부와 눈에도 좋지 않아요. 대기오염이 심해지면 물을 사서 마시는 것처럼 공기를 사야할 수도 있어요.

공기 주머니를 사야 하는 시대가 온다면

먼지괴물을 물리치기 위해서는 평소에도 대기오염이 발생하지 않도록 노력하는 일이 필요해요. 동동이가 어떻게 해야 대기 오염을 줄일 수 있을지 선택해 볼까요?

자동차는 매연을 뿜어 공기를 오염시켜요. 에너지를 많이 쓰는 큰 건물이나 공장도 마찬가지예요. 가까운 곳은 자전거를 타거나 걸어다니고, 건물 안에서는 엘리베이터나 에스컬레이터 대신 계단을 이용하면 대기 오염을 줄이는 데 도움이 돼요.

걷기는 환경을 보호할 뿐만 아니라, 기분을 좋게 해주고 몸을 튼튼하게 해 준답니다. 우리 몸과 마음, 환경에도 도움이 되는 걷기 운동을 많은 사람들에게 알리기 위한 방법에는 무엇이 있을까요?

홍보 포스터를 만들어요

주변 사람들에게 건강한 지구를 위해 함께 걷자는 내용으로 포스터를 만들어요.

캠페인 활동을 해요

미세먼지를 해결하기 위해서는 아주 작은 것부터 실천해야 해요.

직접 만든 포스터와 피켓을 들고 사람들에게 알리는 캠페인 활동을 해볼까요?

플로깅 인증샷을 올려요

걸으면서 쓰레기도 줍는 '플로깅'을 하면 환경에도 큰 도움이 될 거예요.

우리 같이 밖으로 나가 실천해 봅시다.

꽃과 나무를 심고 가꾸어요

꽃과 나무는 오염물질을 흡수하고 맑은 산소를 뿜어요.

그 중에서도 실내의 공기를 깨끗하게 해 주는 식물을 **공기 정화 식물**이라고 해요.

테이블 야자

고무나무

산세베리아

💬 식물은 어떻게 공기를 맑게 할까요?

공기 정화 식물을 심어요

전기를 사용하는 공기청정기 대신 화분에 공기 정화 식물을 심어 내 방에 놓아보면 어떨까요? 친구들에게 자신이 심은 식물을 소개해요.

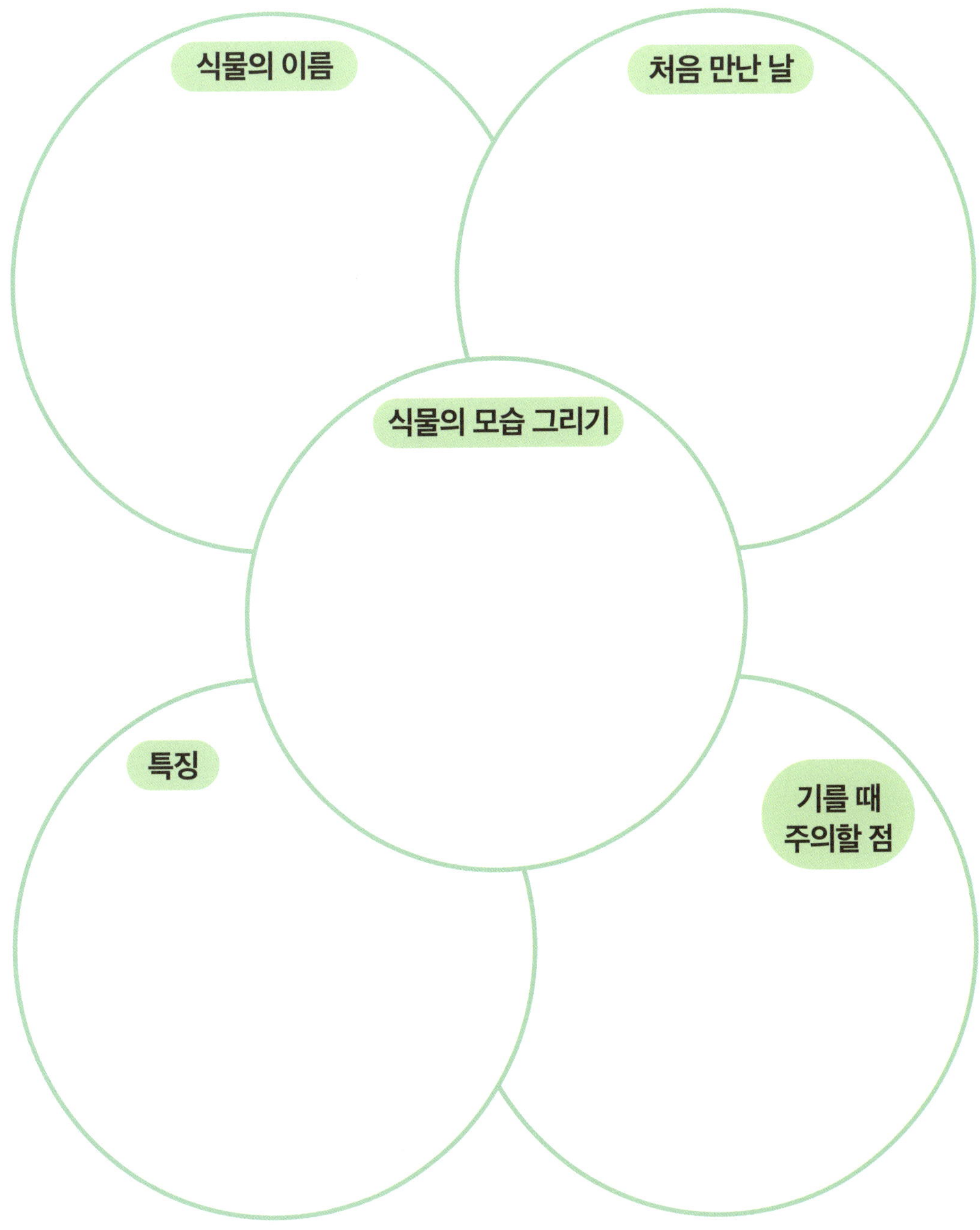

숲에 있는 나무들은 이산화 탄소를 흡수하고 맑은 산소를 내뿜어요. 미세먼지와 대기오염 물질을 흡수해서 공기를 깨끗하게 만들어 주기도 하고요. 그런데 우리가 종이를 많이 사용할수록 맑은 공기를 내뿜는 나무가 사라진다는 사실을 알고 있나요?

자세히 살펴봐요

종이로 만든 제품에는 어떤 것들이 있는지 적어보세요.

우리 주변의 다양한 곳에서 종이가 사용되고 있어요. 우리나라에서 한 사람이 일 년간 쓰는 종이의 양은 179kg(킬로그램)이나 된다고 해요. 하루에 A4용지를 약 100장씩 쓰는 것과 같아요. 엄청난 양이죠?

종이가 사라진다면 어떻게 될까요?

종이가 사라진 후에 나타날 모습을 상상해서 역할극으로 표현해 볼까요?

1. 종이가 사라진 후의 모습을 상상해 봅니다.

2. 상상한 내용을 바탕으로 모둠별로 짧은 대본을 씁니다.

3. 모둠 내에서 각자의 역할을 정합니다.

4. 역할에 따른 대사를 외우고 몸으로 표현하는 연습을 합니다.

5. 친구들 앞에서 발표합니다.

역할극을 마친 후

역할극을 하고 나서 느낀 점을 간단하게 적어요.

함께 고민하고 실천해요

종이 사용을 줄일 수 있는 방법을 찾아 발표해요.

미션을 해결하여 레벨4 달성!

동동이는 공기 정화 식물을 얻었어요.

화분에 공기 정화 식물을 심어 집안 곳곳에 두자 먼지괴물이 점점 사라졌어요.

우리집을 안전하게 지켜라

최종레벨 : 우리집을 안전하게 지켜라!

미션11과 12를 해결하면 **최종레벨**이 되어 괴물들로부터 우리집을 안전하게 지킬 수 있어요. 함께 미션을 해결하러 가 볼까요?

우리 가족은 환경 지킴이

- 나무를 베어 만든 종이 대신 이면지를 사용해요.
- 종이컵, 비닐봉투, 나무젓가락 등 일회용품 대신 텀블러, 천 가방, 휴대용 젓가락을 사용해요.
- 물티슈, 휴지대신 빨아 쓰는 수건을 사용해요.
- 음식은 남기지 않도록 적당량을 덜어 먹어요.

💬 그 밖에 또 어떤 방법이 있을까요?

가족들과 함께 '우리 가족 환경 목표'를 세우고 잘 지킨 날에는 ○, 보통은 △,
잘 지키지 못한 날엔 X를 표시해 보아요.

우리 가족 목표

1. ____

____

2. ____

____

3. ____

____

날짜			

활동을 마친 후

환경 지킴이로 함께 활동한 가족들에게 하고 싶은 말을 글과 그림으로 표현해 보아요.

💬 이 책에서 배운 핵심 단어를 찾아볼까요?

단원의 핵심 단어 찾기

자	토	세	너	오	파
고	연	마	차	염	프
오	리	도	환	다	발
재	라	경	배	전	카
지	활	고	소	리	전
수	치	용	뵤	가	기

[정답은 61쪽에]

♥ [ㅎ][ㄱ] 사람을 둘러싼 모든 것을 의미해요.

♥ [ㅈ][ㅇ] 산, 강, 바다, 숲 등 사람의 힘이 더해지지 않은 것을 말해요.

♥ [ㅇ][ㅇ] 어떤 것을 더럽게 만들거나 더럽혀진 상태를 말해요.

♥ [ㅈ][ㄱ] TV, 냉장고, 세탁기 등을 움직일 수 있는 에너지에요

♥ [ㅈ][ㅎ][ㅇ] 쓰레기를 다시 쓸 수 있게 바꾸는 과정이에요.

♥ [ㅂ][ㅈ][ㅅ] 전기를 만드는 곳이에요.

[60쪽 정답 : 환경, 자연, 오염, 전기, 재활용, 발전소]

저자소개

● 이윤미 전주용소초 교사
- 2007,2009,2015,2022개정 1-2학년 통합교과 국정교과서 집필
- 전라북도 4학년 지역교과서 『함께 사는 전라북도』 집필
- 전라북도 경제 지역화교재 『함께 행복한 경제』 집필
- 『우리, 학교교과서 만들자』, 『주제통합수업, 아이들을 수업의 주인공으로!』 외 다수 집필

● 김순미 이리초 교사
- 2022개정 3-6학년 과학과 검정교과서 집필
- 2009, 2015개정 3-6학년 과학과 국정교과서 집필
- 2009, 2015개정 3-6학년 과학과 디지털 교과서 및 평가문항 개발
- 『생각이 열리는 교과서 토론: 환경』, 『솔루토이 과학: 섞여 있는 혼합물』 외 다수 집필

● 박미영 전주초포초 교사
- 2015,2022개정 1-2학년 통합교과 국정교과서 집필
- 전라북도 4학년 지역교과서 『함께 사는 전라북도』 집필
- 전라북도 경제 지역화교재 『함께 행복한 경제』 집필
- 『역사 수업을 부탁해』 저자

● 조현정 이리초 교사
- 2009, 2015, 2022개정 1-2학년 통합교과 국정교과서 집필
- 전라북도 4학년 지역화 교재 『함께 사는 전라북도』 집필
- 전라북도 경제 지역화 교재 『함께 행복한 경제』 집필
- 『역사 수업을 부탁해』, 『꼬마 시민을 기르는 통합교육과정』 저자

● 하늘빛 군산미장초 교사
- 2015,2022개정 1-2학년 통합교과 국정교과서 집필
- 2015개정 천재교육 3-6학년 사회교과서 집필
- 2015, 2022개정 1~2학년 통합교과 국정교과서 집필진
- 전라북도 4학년 지역교과서 『함께 사는 전라북도』 집필
- 전라북도 경제 지역화교재 『함께 행복한 경제』 집필

● 곽정숙 미륵초 교사
- 2022 개정 1-2학년 통합교과 국정교과서 집필
- 전라북도 경제 지역화교재 『함께 행복한 경제』 집필
- 『역사 수업을 부탁해』 저자
- 교육과정 관련 연수 강의

● **노현주** 전주풍남초 교사

- 전라북도 4학년 지역교과서 『함께 사는 전라북도』 집필
- 전라북도 경제 지역화교재 『함께 행복한 경제』 집필
- 『주제통합수업, 아이들을 수업의 주인공으로!』, 『역사 수업을 부탁해』 집필
- 이리동산초등학교 학교교과서 개발

● **신혜영** 전주용소초 교사

- 『주제통합수업, 아이들을 수업의 주인공으로!』 집필
- 이리동산초등학교 학교교과서 개발

● **우치성** 완주운주초 교사

- 범교과 동아리 '타이내놀' 대표교사
- 2022 개정교육과정 4권역 핵심교원
- 완주교육지원청 초등 수업나눔 공동체 사회정서분과 대표교사
- 교실혁명(사회정서) 선도교사

● **임하람** 이리송학초 교사

- 『꼬물꼬물 거꾸로 역사수업』 저자
- 전북교사교육과정 연구회 활동
- 이리동산초등학교 학교교과서 개발

그린이

● **박근형** 전라북도교육청 주무관

- 2017 디지털만화규장각 신인만화평론 가작
- 2021 제4회 혼불의 메아리 공모전 대상
- 2024 대한민국만화평론공모전 최우수상
- 2025 하반기 전북일보 청춘예찬 및 만화비평지 <지금, 만화>, 한국만화영상진흥원 만화규장각 웹진 필진 참여

● **박미경** 프리랜서 작가

- 2018 경기도 히든작가 <도로시는 노랑> 수상

감 수

● **이정현** 전북환경운동연합

- 전북환경운동연합 상임대표
- 전라북도 인권위원
- 전)전북환경교육네트워크 운영위원장